泛宏著

文史哲詩叢

賭徒

文史哲出版社印行

國家圖書館出版品預行編目資料

賭徒 / 泛宏著. -- 初版. -- 臺北市：文史哲，民 99.11
頁： 公分. --（文史哲詩叢；94）
ISBN 978-957-549-932-7(平裝)

851.486 99021337

文史哲詩叢 94

賭徒

著者：泛宏
出版者：文史哲出版社
http://www.lapen.com.tw
e-mail：lapen@ms74.hinet.net
記證字號：行政院新聞局版臺業字五三三七號
發行人：彭正雄
發行所：文史哲出版社
印刷者：文史哲出版社
臺北市羅斯福路一段七十二巷四號
郵政劃撥帳號：一六一八〇一七五
電話886-2-23511028 · 傳真886-2-23965656

實價新臺幣二四〇元

中華民國九十九年（2010）十一月初版

ISBN 978-957-549-932-7 08894

自序一

給我的詩集　賭徒

不必矯飾
更不需要眉批

我的語言
是紓解悲傷的靈丹
每一首詩宛如一盞燈
從心房擠出一團團灰色的憂悒

如今　手中緊握著骰子
耳際就響起詩的跫音

二〇一〇年九月五日寫於台北

自序二

我喜歡詩，讀初中的時候，曾把節省下來的零用錢去買一本野風雜誌，爲的是裡面一兩首小詩。

二次世界大戰後，台灣只有大窮與小窮，能夠上學讀書已經是幸運的小孩，尤其是後山的花蓮，大家沒有字典，流行有邊讀邊，無邊讀中間。雖然我的國文老師很有學問，但是鄉音很重，很難聽得懂正確的讀音，所以唸錯音被我稱爲「破音字」特別多，到現在還是以台灣國語的方式表達。有時候碰到大型集會常常以微笑點頭方式應對。

當兵期間時間充裕，尤其是在馬祖西犬島的那段時間，四面環海、藍天白雲，這麼優美的環境下，養出了不少感懷小詩，也常常收到我姐夫黃山先生定期爲我寄來各報紙雜誌刊出來的作品。

服完兵役考進銀行服務，時間上也算充裕，於民國五十九年參加了中國文藝函授學校新詩寫作班，〈我〉這首小詩，受到詩人王祿松老師讚許與鼓勵，並贈送我一本他的大作《萬言詩》並特別提示：「是詩人，則在任何情境下都會有詩想。」及「健筆去風雷靁！」的祝語。

民國六十四年在一個湊巧的機緣下離開銀行，從事美容化粧品事業，這些年來不斷的努力擴大經營，並設立了有點規模、有內外銷的化粧品製造廠。這段期間忙碌於事業，疏於創作，只有稍有閒暇時欣賞同好的大作。

民國九十七年，周邊有多位親朋好友忽然離開，到另外的世界。在懷念與悲傷中清醒，深夜裡又開始用小詩紓解這不快樂的心情。從電腦中找尋到葡萄園詩刊、創世紀詩刊、桂冠（已停刊）、家鄉的東台日報（已停刊）、更生日報……的一些做爲詩的棲園。

〈賭徒〉小詩，是我民國五十二年刊登於「東台日報」青年文藝詩展的作品，後來不知被那位先進厚愛，又被刊登在葡萄園詩刊。民國九十八年有個機緣認識了詩人台客（葡萄園詩刊現任主編），是年十月卅日寄贈一本《園丁之歌》詩選集給我，夾一張信箋說：發現在《葡萄園》詩刊第六期有一首〈賭徒〉不知道是否是我的作品，我把最後一行「以嘶啞的嗓子，顫抖的手」告訴他，經他確認後，翌日接到他影印寄來我流失四十八年的小詩，（那時期的詩現在僅找到七首小詩）太讓我感動了，認識這樣熱心的詩友，是我的幸運。

民國九十七年的這段時間，我上了信義社區大學詩人作家馮青老師的《魅力寫作與自我》，不但重新整理詩想、詩的語言與表述，也涉及閱讀與符號文化觀念的論及與知識，對創作不無更深的啓示與裨益。

這本書總共收錄一一〇首小詩，除了早年尋到的七首小詩〈我〉、〈賭徒〉、〈未題〉、〈山〉、〈夜〉、〈獨飲〉、〈落葉〉外，其餘都是民國九十七年九月到九十八年十二月期間的作品，大部份都已經發表在《葡萄園》、《創世紀》、《紫丁香》等詩刊以及一些報紙副刊上，少數則尚未發表。

這本的詩集，特地以〈賭徒〉爲書名，對我來說是有相當特別的紀念意義。在此感謝好友家增幫忙打字，詩人馮青及詩人台客在百忙中給予指點，以及文史哲出版社彭正雄老闆的熱心幫忙，在此一併致上最高的敬意。

二〇一〇年九月十日 **泛宏** 寫於台北

賭徒 目錄

希冀……七六

賭徒

沒有一個人會記住骰子拋擲於碗中鏗鏘的次數
就像鐘擺「的達」輕叩夜間門扉之聲

賭徒

沒有一個人會記住骰子拋撒於碗中鏗鏘的次數
就像鐘擺「的達」輕叩夜闌門扉之聲
以疲憊而勉強睜開的眼眸
去巡頻來去顫抖的手
魚餌般的釣起虛妄的僥倖
就這麼一次吧

鏗鏘老是沿著鐘擺的小徑拖長——
拖長　場中的擲骰者有一種陰符
主角魂不附體的白血球
在他眼中城市早已成了廢墟

賭徒 16

在此聲中聳起膽汁的城牆
喊回驚駭的紅血球
嘶啞的嗓子　顫抖的手

我

不再是海灘的貝殼
不再是曠野奔騰的野馬
不再是吸煙靜坐望明月
我將撥開空中的塵霧
攀登而上——
以貝殼的閒逸的氣質
以野馬的奔騰的精神
以明月的永恒的清輝
我向一個理念舉翅
我作好一座浮梯——

讓地球上的人類都伸出
熱情的手，一個接一個
然後一個牽一個的走進
另一個星座

夜

舒徐展開的黑紗
柔柔低垂而下——
在這靜而流動的宇宙中
我遂被收容了

深暗長空閃爍是星星？是你的眼睛
迷人的眼眸曾訴過無數的情語
飲下星星，飲下濃濃的離愁
感情在血液裡燃燒
愛的火花在心靈中迸噴
夜來香的芬馨搖曳而來

我聽到那悱惻的細聲的抽泣
今夜已不見李白起舞弄清影
只覺雨點滴濕我胸襟

貓

妳的眼睛閃著神秘的碧綠
多麼驚艷的彩繪
妳的身軀
翻躍過峻山叢林
跳過深谷溪流
妳來到這略微文明又充滿陷阱
有慈悲而又殘忍殺戮的世界

來　我喜愛的貓
妳溫馴的依靠著我
當我的手觸摸到妳的腹部

妳的靜電磁波如同無聲的樂曲
這時候妳總是喜歡瞇著雙眼
幻想人類是最友善的朋友

妳的眼睛閃著神秘的碧綠炫惑
驚艷的綠谷
妳豎起耳朵接訊息
躬起身軀
像雲彩一樣的飄走
輕巧的跳躍　如謎

巨蟒

巨蟒　巨蟒
翠綠的眼眸射出凜冽的光芒
頻頻點燃的紅信　燃燒在
陰森的叢莽
掀昂的頭　不可一世的蠻橫
蠕動的身軀　繪滿
菱形赤金的圖騰
森林裡被獵殺死亡的靈魂
是纏繞不散的霧茫

側身

米勒壁畫的鐘
被啓亮的燈光搖醒
妳的身影點亮了無數捕捉的眼眸

我在左側
妳的側影
勾勒出版畫般的線感
屬於妳的靈魂
反定義的掏空一種聲納
逐漸昇華挺拔的靈魂
身軀由精神替代佇立

剎那想抓起的不是
妳夕陽下的楓葉　卻是飄盪在
突出思維小徑裡的跫音

深秋靜夜
是淨化後最優越的憩息

獨飲

然後步向情人椅
摘下星星沉放於杯酒中
那滿腔淒涼的音符，已竄入
於悲鳴的溪流聲
沿東流去——
蹀躞而來的跫音
驚不住我舉杯的動機
輕柔傳來的笑浪
彈不起往日甜蜜的回憶
相逢在這繁星閃爍的夜裡

你有你們談不完的情語
我有我飲不醉的星星
最好你們盡情的擁抱與熱吻
我將飲下所有的星星
讓世間每位科學家的
腦袋，都擠向
我閃爍的史前史的血廊

壹圓硬幣

子夜無垠的寂靜
路燈把樹影拉長
拉長　彷佛絲幔輕輕窸窣著寂寞
我發現你　在碎石旁
你睏憊的沾滿灰塵
像寒冬的落葉飄滾著落寞
你經過熔爐熔化的鑄煉
且被烙製成壹圓的硬幣
僅扮演輔助的宿命

我不會把你投進撲滿
讓你孤寂囹圄
我會把你擦亮
存進銀行
讓你活躍的扮演輔助的角色
今晚你就在我的口袋憩息
讓我來愛護你

晨 景

以貓的腳步　拱起腰
跳出窗檻　窗外
公園籠罩在霧裡　正推演
迷霧流浪遊戲
斑鳩憋不住這種玩法
向東　拉起嗓子
搖醒陽光的眼睛

晨景序幕隱約拉開
昨夜已成故事
懸掛樹梢的鳥巢　如風鈴輕唱

31　晨　景

被定住的綠浪　婆娑與舞
晨風竄入細密的紗窗濾拂過來　晨景
我必須去瀏覽
綁緊鞋帶　現在

賭 徒 32

詩的跫音

海　誓

詩的跫音之一

詩人說：貝殼是海的耳朵
我說：貝殼是情人海誓的聖筊

抓浪花　捕雲彩
怎能溶化妳胸懷裡的心

露珠

詩的跫音之二

露珠閃閃爍爍在草坪上
風是珍藏珠寶的鑑賞家

請不要誤解是星星的眼淚
那是昨天太陽神趕赴晚宴的汗珠

寒冬

詩的跫音之三

上玉山賞雪的車隊尚未歸來
飄動的夜幕拉著低氣溫傳來消息
徘徊在街末的流浪者啊
是否挺得住陣陣無情刺骨的寒流

驟雨

詩的跫音之四

每一袋懸掛天際的雲囊
裝滿無數繫念的心
當被觸及悲傷的纖細神經
閃爍傾瀉而下的淚珠是滾動的驟雨

憂愁

詩的跫音之五

床隅上的酒瓶裝滿了空氣
煙斗躺在煙殼子裡安眠
到巴黎學習釀酒的孩子怎還沒回來
難道是已醉臥在葡萄棚下？

玫瑰花

詩的跫音之六

燦爛　燦爛陽光下的玫瑰
鮮紅色的縮影　在窗檯前宣言
熱情的眼眸閃亮　捉住妳
閃躲酒窩　迅速塞進唇齒間的空隙

下弦月

詩的跫音之七

不要把太多的憂愁塗在臉上
多少孤寂空泛的心被催化
牽引輪轉的望月即將來臨
請觀賞小丑魚戲弄海藻嬌媚的心境

柏林雪景

詩的跫音之八

踩在積雪的柏林　燈火反射的橙色世界
當大靴陷入雪堆　嚼著栗子剎那的瀟灑
聆聽拋撒碎石擋住冰滑的滾動聲
彷彿悚懼聽到輾轉戰車　泛起了濃濃的鄉愁

海港的貓

詩的跫音之九

晨曦的海港　霧尚未離去
貓爪探向湧來的海水
不要誤解同是默默望海的浪蕩神魂
是揣測主人是否已滿載歸航的訊息

心轉

詩的跫音之十

我們曾經在邂逅的剎那熱情擁抱
卻在寺鐘敲響而醒悟縮手
每一步攀登石階都響著激勵的跫音
閃進的簡訊畫面都是關懷的留言

驟變

詩的跫音之十一

追逐的浪花　被愛的眼神網住
溫柔細語輕拍海岸傾訴
經風的煽動　激劇翻滾的浪濤　你知道嗎
被捲入的流徙挾帶著多少傷心的故事

酒窩

詩的跫音之十二

妳的酒窩是語言的陷阱
無數次讓我陶醉
清醒之後　警惕的火線
忽然又被浸濕而酩醉

警示

詩的跫音之十三

不要把太多固執的因子注入腦波
那是航海中最忌諱不尋常的航程

魯賓遜漂流的錯亂迷失
怎能用狂風暴雨推進孤島的故事做解題

癡情

詩的跫音之十四

每一朵浮動的雲彩　是一團懸念的期待
當纏綿又依離　紊亂了情郎的心
去威尼斯學情歌的新娘　已忘了回來
臨別時眉睫悽悽的淚光　是風沙滲進了眼瑪

點悟

詩的跫音之十五

右手牽著小孩　左手扶著婆婆　在公園
廣場　婆婆稱心微笑　小孩半走半跳
妳是傑出舞者　巧妙的蓮花手　多少人被
點悟　妳宛若晨風舞動的袈裟　如浪花

感
銘

感銘

敬致詩人台客

曾經把交會閃進的感覺速寫成小詩
貼上雙翅的郵票　棲息於報章雜誌

卻被時間的巨齒無情嚙咬吞噬
是您又讓我聽到骰子拋撒碗中的鏗鏘聲音

後記：詩人台客將早年我發表在《葡萄園》詩刊的作品〈賭徒〉寄給我，令我感激。「骰子拋撒碗中的鏗鏘聲音」是〈賭徒〉一詩中的句子。

期待

給玫蓉

我的臉被波上小小的唇印
幸福的笑容被列印出來

我想告訴我的爸爸媽媽
這是我的小孩的小孩的傳真

致敬

敬致詩人賴益成

讚嘆　你瞬間點出〈我〉這首小詩　哦　超然
記憶　我是流沙中爬行三十八年的金甲蟲

仰望你如燦爛的星空
點亮　北斗航程的詩人

相見歡

敬致香港財弟

你把諾言輸入機票　飛來
我守候响午時在咖啡廳東側
當分針重疊時針　你信步對座
又一年相見　探解人生深鎖的門啓開　奧妙

假期追憶

不及規劃的假期　永遠看不到
拋在經濟列車後　嬉戲的小孩

揹著魚簍　追趕父親的身影　哦　是
遙遠　遙遠的童年假期

月台揮別

給吾妻麗香

喘息的腳步趕赴即將開動的列車　月台
揮別　妳依捨的眼眸卻跟著我
不要理會那淒苦的雨飄灑著　怎麼
鹹鹹地在我臉上　難道也捨不得妳走

旋律

甥女秀珍

走出安寧搖籃　不回頭　不回頭
踩踏滿地枯葉　離開　離開
貝多芬生命樂章正響起　妳決定舞台
延續　選擇蕭邦圓舞曲瀟灑地旋轉　旋轉

漂流

追逐的浪花　被愛的眼神網住
呢喃的語言輕拍著海岸傾訴
經風的煽動　激劇翻滾的浪濤　你知道嗎
被湧現於沙灘上的貝殼又會迎來多少情侶海誓

泥醉

妳把神秘又精巧的酒窩隱藏在唇邊
在朦朧的燈光閃躲迷人
今夜不需琉璃高腳杯
讓我泥醉在妳的酒窩裡

雲裳

雲 裳

春天把天空擦得藍又亮　閃動的
南風　從風箏搖擺的尾巴　滑了下來
滑下來　吹醒了翠枝嫩芽
吹開了滿山櫻花如雲裳

春

滾響的春雷　點燃了閃電
把枯萎禿枝劈開　劈開
悶了一季的翠芽擠伸了出來　哇
翻滾的綠浪點亮了春神的眼睛

櫻　花

現在
妳是初春裡
最美麗的
衣裳了

註：靈感來自詩人馮青的詩〈青蛙〉

蟬聲

今夏
妳的演唱
比去年動聽
現在　我是最快樂的聽眾

螢火蟲

在夜裡
提著燈籠
尋找
媽媽的影子

秋分

不必計算九月廿三的跫音
也無須測量九月廿四的步履
站在南北半球的分界線
白天　晚上各一半　瞇著眼
感觸地球平衡的生息

無 題

雲層裡包裹著陽光
暗暗地
找不到嫩草的羊兒
哭了起來

幻影

每一縷從腦波閃起的思懷
都綻放著彩幻的花朵
當擁抱的希冀轉換成虛空幻影的剎那
忽然被眼眶渠紋溢出的清涼喚醒

影　子

未婚　我有個情人
婚後　情人跟著
很貼心
關了燈　就跟我融在一起

賭 徒 74

希冀

希冀

你以綻放牡丹繡飾了我的希冀
正如我的心在你的玉蔥中翠響
我們精選植物精煉萃取
以新銳的玉搥敲響　在精準的
時間　轉換創新的工研流程　蒸餾之後
撫摸過的肌膚即時順暢
滋養　活化新生的細胞結締組織
將細胞在曲皺斷層中復活
細嫩　光澤　亮麗

在海邊

情侶在沙灘踩繪出玫瑰的足跡
海浪　虎吼著

我在沉思　多少流徒被海吞噬的悲歌
盤旋的海鷗又一次撲向海浪

我知道這裡曾經展現過喜悅的笑靨
拉著魚網看見銀亮魚群跳躍的豐收

拾揀一個小貝殼　這時候
我感覺　我也是被納入寂寞的列車

身　影

每一顆雨滴是你
關懷的眼眸　瀰漫如汪洋
我看到無畏踽行的身影
接下父親遞給我的雨傘後
雨更大了　眼前一片模糊
淹沒了　來時路

柳　丁

每次握著圓圓黃黃的柳丁
腦海裡就閃起您
關懷的眼神　切片之後
您的聲音就在耳際叮嚀

這酸酸甜甜的柳丁
附著來世的慈愛
在我思緒的空間裡
有著媽媽的聲籟

夜讀聯想

馮青《天河水聲》

在深夜
想跟在妳的背後　拉長耳朵
去聽　那天河的潺潺水聲

看到
波光粼粼的水面
銀亮的絨緞彩幻漂流
妳都會靠著伊的肩
訴説水的寂寞
在靜靜的月色中疲倦

而眉睫的露珠且在冰涼中閃動
皎潔的月光
叩開了嫵媚的情愫
那鼓譟的青蛙
都化成夏日裡
最快樂的水聲了
還有什麼能擋得住
月光下調勻不盡相同的月色
讓嬌潤的嘴唇不開花呢

踱蹀在碧潭的堤岸
月色瀉影在纖纖的波鱗
一隻漂鳥畫過水面
湧動著我的心湖

渴望

這裡已找不到煙縷裊裊的煙囪
滿街都是汽機車排出的廢氣
一些政客操縱的蠻橫抗爭
以及檯面下貪婪的新聞
我們渴望的是
微笑彩俑時代　文景盛世日子

走進中強公園
這裡很氧氣
翠綠的枝葉上有陽光煦照
腳底緩步踩著刺痛的健康卵石　很自信

我們不渴望什麼
只要像鴿子在蒼穹中任意翱翔
那自由快樂的投影宛如
皮影戲攤開雙手的自在

黃昏

松山寺的晚鐘被晚霞的餘暉敲響
飛躍在綠浪覓食的白頭翁怎麼還沒回來
雲網罩住夕陽　把紅通通的臉　拉進海裡
這縱情的戲謔　竟把
懸掛天空的上弦月笑彎了嘴
笑聲裡彈出無數閃爍的星光

星星

閃爍的天空
有好多眼睛
眼睛的背後還有眼睛
媽媽的眼睛在背後的背後
深深地關懷著你

每當想起媽媽
我都會抬頭尋找媽媽的眼睛
今夜滿天的星空
媽媽　妳在那裡

秋的訊息

一片綠葉從那高山
慢慢的飄了下來
飄下來　滑過叢林
掠過原野
氣喘喘地
落在我的窗檯
已變枯黃

又閃起

幽靜的公園小徑
有露珠飄落的聲音
是妳在涼亭憑欄嘆息

我躡著步履　走過去
走過那涼亭斜側的長影
以眼波的斜光瞄見
妳的臉頰掛滿晶瑩露珠
沾濕胸襟
又閃起

海

來　可愛的浪花
灑在我渴戀的心
妳　千萬頃的粼粼碧波
化開了我愁鬱的心
妳　溫柔的細語
使我感到世界原也有些許溫暖

我的手觸及妳
渾身感到舒暢
我的頭　我的臉接受妳的熱吻
我投向妳的懷抱

我希望我心中的女性
有妳的寬容
有妳的溫柔
有妳的熱情

雨

地上有太多的憂鬱
樹向閃爍的星空呼喚
驟然
淚水遍灑大地
是天河的憐憫嗎
還是
天上也有悲傷的事？

春之晨

象山步道右側紅瓦屋宇的窗子
對著滿片山櫻花搖曳欣然地傾訴

昨夜棲息的青鳥被攀登石階的腳步聲驚醒
一望無際的花浪幡然萬頃的春光
那是一團綠能滾動的圖騰

樹

伸向天空
伸向太陽
伸向空曠的萬頃
以無窮的魄力
延續勃壯的生命

政治家被喚醒了智慧
學習你堅牢盤集的根
科學家領悟了啓示
化驗出你身上豐富的營養
音樂家受你教諭

編織出一首首美妙的歌曲

樹　深入地層
展向未來
伸向無窮

海 景

弧的盤　白雲的空隙處　射出
燦爛的光　於是大海裡
氾濫著閃閃的金鱗甲
斜擺萬人的頭

海鷗展翅飛向核心
白的帆飲浪歡囂嘩
夢裡的睡獅　怎還不甦醒
為何不衝出垂幃
沐浴遼闊之光

給媽媽

媽媽買給我的羊毛衣
是用哥哥給她的壓歲錢買的
每次穿著羊毛衣
頸部都感覺有媽媽溫暖的手
還有一直看著我的關懷的眼睛

陽　光

喚醒生命的神醫
賦我以大地的豐饒
在黝黑的角落
山澗有清流洗濯的聲籟
綠林響徹蟬鳴喜悅的詩歌

日光療癒了
陰濕的沼澤
注目所及
處處是
光及水療後的

生機
山澗的清流
蟬嗎
這共有的聲籟
也在光裡更加
嘹亮

在城市高樓的落地窗上
光把遠山的故事
折射到
你
睏倦疲乏的眼神裡

在冬天

我接過父親送來的雨傘
而身上穿著
媽媽手織的毛線衣

在冬天的屋裡
栗子的爆裂聲響個不停
我的冰冷小手　總喜歡
突然放進姊姊的脖子
驚嚇聲之後
我喜歡被她追著跑的感覺

有一天
我把頭伸出棉被
聽到冬天的夜雨在窗外
他們的名字
停在我
即將抿嘴的唇上

我醉了

我醉了　醉在鯉魚潭的舢舨上
晨光濾過的潭水　一如明亮的鏡子
徐徐的風吹開了鏡子的笑容
波光粼粼投射向我
風是陶醉的餐點
妳的跫音
在舢舨間蕩漾

我醉了　醉在蜿蜒的海岸上
夕陽的餘暉鍍亮了波瀾的海浪
淘浪的魚群爭食著浮藻　引來

海鳥陣陣強烈的啄吻
如果撥開妳的髮絲
妳會用夕暉的眼神款待我嗎
妳的跫音印在蜿蜒的海岸

我醉了　醉在杯中的葡萄酒裡
子夜　紊亂的噪音已被蒸離
音響的電源已被拔起
妳的跫音已消聲匿跡
妳的海浪聲逐漸遠去

牽 著

天空下著雨
樹葉滴著雨
她的傘滴著雨
我的眼角也滴著雨嗎

在一片灰濛濛之中
有媽媽牽著小孩走過
一個男孩蹦跳著
一個女孩璨爛的笑著

流浪者之歌

流浪者之歌

鄙棄都市的矯飾
熱戀著我思想的路
融進粼粼的水波
隨著溪水飄泊流浪

潺潺的水聲為我歌唱
在星輝斑斕裡
鼓譟的蛙聲
在纖細的水草上撥弄著月光

快樂的流螢

一閃閃的玲瓏燈盞
隨著音波的流動飄揚

總想起那被我虛擲的青少年華
為什麼不敢對妳嬌潤的嘴唇
證明我心裡的愛

踏著流浪的腳步
我想投入山澗的清流洗濯　高聲呼喚
呼喚著我那斷了線的愛人

悲歌

海灘上有殉情的情人
像貝殼般地躺著

讓談情說愛的情人們
在白日裡歡愉的是
黑夜裡
流著失戀之血的情人們的眼淚

讓熱戀中的情人們
擁抱親吻在愛的月光裡
卻任由海浪沖走了流沙
是沒進一步發生愛的纏綿的失望男女

讓陷入情網的情人們
海枯石爛信誓旦旦的是
殉情的和還沒來電的情人們
尚未去儲存愛情的麵包及能量
啊　那些有著悲歌力量的情人們

曼波魚

你的扁圓身軀閃著微笑
你的眼眸溜轉著微笑
你的嘴型上彎著微笑
你的尾巴扇擺著微笑

在波光瀲灩的七星潭上
撥弄著蕩漾的輕浪
在煥發的陽光下
散發著秋天的氣爽

美麗的七星潭在花蓮
有親善微笑的曼波魚
那是我懷念的故鄉

月夜茶香

風輕輕地流動
夜色朦朧彷彿馨香的乳汁
徐徐的飄落且被滿遍樹林接住
樹緩慢啓開豐腴的唇
伸出小小的綠色舌頭晃舔

熄了燈
迎進妳的乳白　從落地門細密的紗窗
室內宛如鋪了一地純純柔柔的雲絮

接下妳一杯清香綠茶

妳纖細的手
撥弄著　烏溜的髮絲
頻頻呼喚的茶壺
掀起我　心湖的湧動
再續一杯
希望以妳的唇齒
傳進今夜的茶香
而緩緩地細訴月色裡動容的故事

心悸

忐忑的心律加速敲響心房
陣陣泛起的疙瘩從肌膚冒起
在天秤盤上　罣礙含著重量
無數個寂寞的心緒　被憂鬱的
悲歌牽縈
墜落深谷的音符　飄盪著
陣陣心悸

試想攀著樹的氣根
吸吮一絲絲氣息　總是在深秋
在悽涼的月色裡止步
重疊腳本的排演在不意外的意外中延續

晨　歌

晨光把含苞的花朵一瓣瓣撥開
燦爛的笑容綻放開來
林間鳥兒的歌唱　舞動著充沛的綠浪
蜜蜂採蜜　扮演生命延續的樂章
彩蝶翻飛　歡戀編織絢爛的舞台

是時候了　我伸出紳士才有的手
以華爾滋的標準姿勢
左手摟著妳的腰
右手輕握著妳的指蔥
在綠草如茵的坪台上
圓舞的旋轉　旋轉

我知道

那是掛在水平線上的雨囊
以C調的歌聲哼著
細雨綿綿
樹葉被雨水融化成
滴滴答答的小河流

妳把書籤掛在樹枝上
我知道　妳已乘雨來過
怎不小歇片刻
難道比我還要傷懷嗎

颱 風

颶風夾帶著暴雨
向大地做一陣瘋狂的洗禮
樹歪了
屋子傾斜了
魚池的魚游走了

他一轉身
詭異的一笑
走了

地震

在咖啡廳
忽然碟盤乒乒乓乓的跳躍起來
從深層地軸傳出呼呼聲響
懸掛的燈飾搖晃
強烈地　搖擺

逃呢　站不穩
蹲下　也不穩
趴下　只能趴下
五臟六腑卻想往外跑
只聽見　哇　哇哇尖叫

註：九十八年十二月十九日晚九點二分在花蓮與同學福慶、萬松、玉豐在咖啡廳遇六．八地震

我在街角遇到那位女神

妳偶爾以碎步踱蹀
街角僅有的三角空間
仿若從玻璃櫥窗走出的女神

右側是由南往西的人潮
左側是從北向東的捷運客
在熙來攘往的人潮中
我看見妳那急速捕捉的眼神

妳該知道那是種消耗
和歲月有關

壯年的步履因為體態漸趨穩健
妳漂浮的眼神掠過他們
無動於衷浮腫漠然的臉
但花甲老翁卻是無來由的欣喜
在妳妙齡的一瞥中獲取珍惜

妳那ＬＶ皮包可能由左手接掌
妳的右手像鐘擺伸出長短針的符號
貳仟元是個不偏不倚的價格
倘若你給她一隻食指手勢
她也頷首且微笑

你也不知道她的文憑和
香港的屁股翹翹圓台酒店何干
裸體與酒孃何須賠上劍橋
矯情的恩客們與阻街女郎的智商

端起咖啡後問
要清唱還是濃烈的繾綣
在街角伸出長短二指的女神
她的身體像旅行的葉片
從未冬眠
但易粉碎

她回到街角時眼神不再清亮
她的微笑及手勢
在海潮裡漂浮著困倦
女神像衰弱的桅桿
都市的夜潮　用力攏盪著她

落 葉

我是一片落葉
飄滾在天空裡
妳別為我高興
更別為我悼念
在瞬眼間
我將做一次秋季的旅行

妳我相逢在這裡
妳有妳的歡笑
我有我的悲傷
妳最好朗笑
我要準備冬眠
在剎那的時間裡

在海灘上

在海灘上

青衛鳥的悲怨翔影　向東隱去
向東　追尋溺頂的疑惑
滾滾浪濤如我的來　我的去

在海灘上
貝殼是情人海誓的聖筊
浪花滲進多少謊言與眼淚
我伸手抓一把
抓一把　哦　那無痕的往昔
一匹青馬在我眼簾逝去

他的奔蹄留下了浪潮　呼聲已遠
再溜的技術已無法拍攝
記錄那朦朧雙影　在海灘上
在海灘上　迷濛　霧化

鷹

你那銳氣炯炯的眼神
從雲層伸出半個下弦月的鉤利的嘴
頭頸銀白的羽毛如披肩氣昂的戰袍
凌雲展翅盤旋於蔚藍的蒼穹
微露鋒利的鉤爪如遨翔的英勇戰機
這座山　那座山威勢在地球的角落

你那銳氣炯炯的眼神
從雲層伸出半個下弦月的鉤利的嘴
這來世的尊榮已被雕塑懸掛
歹徒想摘下你的榮耀廉售

卻被你銳利的眼神懾退
小孩想伸手觸摸你
卻心懼被你的鉤嘴啄傷而縮回

你這來世的尊榮
有著銳氣炯炯的眼神威嚴

註：白頭禿鷹在一七八二年被選爲美國國鳥，榮獲無比的尊崇。

山

在無數個年代中延續生命
那樹草、那岩石
以及未被挖取的無窮寶藏
在虐陽、寒風、暴雨
以及冰雪鍛鍊下
粗壯了

整個頭伸入太空
魁梧的身軀雄壯地屹立
手牽手的，橫跨過
全球的東西兩端

雲彩喜歡纏繞在你的身邊
夕陽高興依偎在你的肩膀
星星樂意為你點綴上清輝
許多詩人為你歌頌
許多考古學家為你求證生命
許多科學家化驗你的潛力……

呵！山
我學習你的堅毅與容忍

點睛

給守儀

炯炯的戰火
已化成閃爍的繁星
步槍　高射砲　以及
不離身的鋼盔
都已嵌進版畫裡

不能忘懷
挖戰壕後你遞給我的那杯白開水

在寢室每次揮筆畫龍的剎那

咱們都會說
等那傳神的龍勾現後
　一定請對方點睛
快半世紀了　你的龍畫好了嗎
你在哪裡？

曼妙的舞步

舞池的旋律響起
閃爍的燈光隨著美妙的音符迴盪
舞伴款款步進舞池
是一首扣人心弦的探戈歌曲
朦朧閃爍的燈光投射在灰暗的牆隅
她被冷落在板凳上
憂鬱的形體彷彿一束被遺棄的百合

舞曲結束又響起
她把座位換到前座　仍然
被留在板凳上鬱卒　舉杯思索

突然走進化妝室　鏡台前
以桃紅的唇筆塗滿性感的嘴唇
上下黑眼線勾勒出水汪汪的眼睛
睫毛膏拉長了迷人的豔麗
桃紅的眼影在眼尾拭勻
以粉撲輕輕拍在臉頰　滑落
滑落　在蛋型的臉頰絢麗
順手在耳際穿上閃亮的耳環
走回座位　正響起輕快華爾茲
幾位男士迎向她
她選了一位自己喜歡的紳士
在舞池不斷地旋轉　旋轉
曼妙的舞步吸引了無數羨慕的眼光
旋轉　飄起的裙角襯托出
襯托出　玫瑰花燦爛的笑容

隱　去

被秋涼的晨風搖醒
窗臨向東　天空已呈一片曚曨
提筆把昨晚畫好的龍　點睛
驀然　右腳觸碰了桌腳
一陣搖晃
畫飄落地上
墨水撥落在龍身上
紙上烏漆麻黑
龍　瞬間隱去

我是快樂的

我是快樂的
我快樂於卯晨迅捷被搖醒
我快樂於眉間被點燃記憶
我快樂於迅捷的思構藍圖進入智庫
我快樂於迅捷完成一項工研流程

只要把生命的樹　移植於能量的原野
把發酵的菌讓陽光蒸離
那風是暖暖的鼻息
是流程延伸的動力

我是快樂的
我快樂於迅捷傳出訊息
人體皮膚黝黑乾燥　萃取精華液即可修補
挽回滋潤皙白亮麗
斷層細胞呈現的皺紋
以精湛萃煉添補復活撫平

臉龐點點黑斑　已不必定型於脈衝光掃描
以一種特殊的心念轉換
讓蝶斑、肝斑、雀斑　宛如彩藝渾然化身
呀！呀！唯有人為的汞毒斑傷及肌膚深處
病變的色素無法復然　應嚴厲追訴

我是快樂的
我快樂於迅捷傳出訊息

夏至蟬聲

廣闊的綠海
幾棵染色的樹葉點綴其間
緊貼樹幹
是被乾燥蒸發的蟬
腹部緊繃著一台　神祕的
森林音箱
風靜息時　短促而高昂的蟬音
在風輕拂時　卻脫下了一絲蟬蛻

有時
夏至的蟬

是森林的詩人
朗頌著　狂戀而松濤翻飛的詩
在清芳馨香的空氣裡
搖醉了滿山輕蕩的綠浪
整座山都醉了　醉在金色的陽光下

天河水花

昨夜天河濺出了水花來
在妳的蛛網上
綴出閃亮的小船
陽光竄進綠葉的縫隙　把彩光
投射在晶瑩的水珠上　掀起了
燦爛的震撼　搖盪著
是否能邂逅妳偶然交會的秋波
晃盪著光波的鞦韆
怎知醒來的怔忡之間
竟已是滿地綠茵

深秋

深秋季節　楓的變奏
釀鍍著時尚的在妳咖啡色綴飾的衣領上
在視覺超越的舞台旋轉閃爍
吸引交會奔出藝術尖點的火花

深秋的響徹　在時尚的舞台上
落葉掀起嗆價的驚艷
唯有這片片落葉的驚艷
才能鼓動秋季旅行的熱潮翻騰

深秋月色

深秋蒼空　懸浮著
皙嫩豐腴的月輪
向大地遍灑漾白的乳汁
餵哺著滿遍林間的綠葉
匯進蜿蜒溪流裡的
是泥醉捲曲洞穴的夏季歌手
在深秋月色裡酣睡　酣睡

謐靜　謐靜宜人的月色
以檸檬似的乳汁清輝清洗著小徑
這時候我想起了她
以一件溫暖的大衣披在我身上
以乳白的身軀緊貼在我的胸懷

雪葡萄——那是妳

在松花江畔的傘亭
妳回眸微笑的身影
緊跟著我

而今蜿蜒長堤的霧淞
飄繪無盡畫意美景
多少細碎漫長深夜　撥亂了
我纏綿的心弦

這偶然的邂逅　竟然被
捻熄的燈盞煙縷點燃

妳的步履輕踩滿地的雪葡萄
踩醒寒冬裡的春息　如此輕巧
那是圓珠霧淞　皚白玉香的雪葡萄
飄過的眼神
那是妳

喜悅

光的波撫摩出芬多精的濃郁的心
拭亮了串串的紫色葡萄

這個時侯　妳應該繞過
繞過巴黎鐵塔　依序航線回來了
我像釀酒前溫存期待的葡萄
期待妳的啜飲　款款地送進妳的嘴裡
想起那被我虛擲的青少年華
為什麼不敢對妳嬌潤的嘴唇
證明我心裡的愛呢

踏著流浪的腳步
我想投入山澗的清流洗濯　高聲呼喚
呼喚著我斷了線的愛人

落　葉

請不要
惱　不惱
這班秋風列車
我已經放下一切　決定　旅行

註：惱、不惱，取自詩人許悔之〈落葉〉

自啄倒景

自啄倒影

揮不去纏綿縈繞而神魂浪蕩
是焱燼捻熄的燈盞
在虛無飄渺間　無奈的悲嘆
籠罩滿潭水面的雲煙
棲息潭邊枯木的水鳥
在深夜人靜時啄食自身的倒影

斷想

陽光的背後是黑夜
背脊永遠躲在胸膛後
用什麼照明能把你放在燈影中

也許這是個邏輯式的試煉
小小的地球脫離軌道後
會在太陽粉碎下湮滅

罌粟花

如仰盞　其味芳香　但含劇毒　謹防感染

妳左手按咽喉
右手努力耕耘
一朵罌粟的懷想
罌粟花遍開著
鬚蕊護裹紅白相映
獰笑地撒發嬌嬈地劇毒
向妳

罌粟花歡呼飛盪
滲進體內蟄伏血液中

吮吸妳生命地花蕊
當芳香遂自體內溢出
蝕腐的躍動正進行彈狀輓祭

這時微笑動人含於唇間的妳
也為這花開遍宇宙

公園的另一個角落

夜
風
在公園的另一個角落
真情流露的戀人已消跡
匍動的人影喘蹙深吸　瘋狂嘶吼
踉蹌的步履追尋著心痛的迷思
夜漸深沉　悽愴聲旋盪著遊民的腳程
難道是傾吐滿懷悲傷的吶喊
還是淨化腹腔鬱悶的紓放
這幽靜的公園已無法接下城市的哀怨
我樂意提供威士忌　黎明前
你們有勇氣點燃第一根火柴嗎

逃避

點燃一盞燈
想再看清礎你的臉

一轉身

你且隱入　迷濛的氤氳
用黑暗切斷你的背影

悲傷

那雙淚盈含眶的眼睛
有著太多　太多的
悲傷
無法尋到依靠的肩膀
一股心酸揺慟
劃皺了潭水波光倒影的星河
垂淚的星星在水面盪落又彈起

等待

說好驚蟄春雷滾響的剎那
你會在蟄蟲震起之前
趕來赴約　盼著
想著　你承諾時的唇形

時光漫泛　重疊的樹影搖晃
你睡過頭了嗎
試著甩甩
已佇痲的腳

雲與雨

雲是無聲的音符
雨是動人的音樂
他們在灰色的天空裡
敍述別離後相思的情愁

我的日子是在炭燒煙霧裡眩暈
無情的要我窒息
窗外飄散著我的破碎的心
窗內響起我聲聲的歎息

錯愕

青蛙媽媽跳上荷葉　數星星
一群蝌蚪圍繞在荷葉下
晃著頭喊　媽媽

月色撩撥著荷花綻放清香
輕漂的水鳥瞥見荷盤上　閃爍著
閃爍　滿串晶瑩的青蛙蛋
一個旋空低姿翻轉啄了荷葉上的晶瑩

瞬間錯愕
滿嘴沾滿溼淋淋的水珠

呼　喚

每次對著星空呼喚
都看到星星閃動的影子
轉向草原隨風搖曳的綠浪
迴盪在夜的曠野　彷彿無數
雲雀跳動著音符

這次的呼喚
且被迷濛的山嵐淹沒
無法聽到你熟悉的聲音

懷 念
——給BG

也許你早已抽離了快樂
思維膨脹　宛如一袋又一袋無根的雲囊
隨風　瞬間捲入亂流
於是　灑落一萬畝惆悵的雲

你選擇
最優雅的方式
去擁抱一朵不蹄的雲彩
那瀰漫不解的氤氳　是解不開的幾何題
凌亂如寒冬的星圖

也算是一次歲暮旅行吧
捲入漩渦的愛情
宛如火山傾進乳化機裡
混成濁世的泥水
你卻飲得爛醉如泥
你如鷹　攫獲我笑容的獸
在眉宇間留下兩條無法理解的蹄痕
我將以最纖細的針
將這記憶繡進傷痛裡

未題

從中央山脈的那一邊，
一縷縷思懷飄來，竄入我底破碎的心靈，
由收音機的長波線裡，一曲相思的念曲，
飛來，則扣開八月驕陽下沙漠的荒園，
來自蒼穹溟朦的細雨，匯於屋之簷下，
然垂落的淒咽滴聲，敲開了我久閉的心扉，
朋友！
能否賜我一瓶威士忌，
讓我麻醉在黝灰的黃昏裡。

西湖雲煙

西湖雲煙

看張藝謀印象作品有感

雪白的雲絮以乾冰的氤氳堆積湖邊的雲牆
在黑幕裡隱藏著那神祕的眼眸
晃著　在飄浮粼浪裡尋覓遙遠的故事
湖心隱約勾勒出舢舨的槳形
有水鳥漂劃過
那撐傘癡情的背影　窸窣綴出
綴出湧動的波光
茫然的眼神飄盪　飄盪
在煙波裡緩緩隱去

同學會

孟慶新老師這一班二〇〇九年八月於台北

沿著曲皺鬆弛脖頸套上圍巾
在時間重疊的午時交會 18 名缺 2
不必回顧 48 名哄堂抬槓畫面
話題鎖在瓊漿養生　冥想太空漫步
餐房仍然哄亂一場　老老人耐不住站了起來
食指直靠唇珠　瞬間　嘰哩呱啦的聲音落下
被柔軟的地毯接住
老老人：提醒小老人

顧好老本　追求真善美人生
每餐烈酒一小杯　帶老伴到處走走
小老人喧嚷：老老人親一個　親一個
哇　怎麼瞬間又回到
五十年前鬧同房的畫面

你將會健忘

正常老化 記憶衰退 健忘與老人癡呆症並行

當黃燈微閃　紅燈啓亮
時間細長的針　已逐漸抽離
抽離你皮下脂肪
衰老的彈性纖維陷落網皺
表皮與真皮乳凸組織乾燥萎縮
塑造成智慧結晶　孤獨地
豎立著歲月衰老痕跡

紅光微閃　你將逐漸進入熄滅
你將忘卻那所有輝煌的日子

淹沒在浩蕩的奔流裡
從未有人了解
正如你僅了解自己的唯一
你的燦爛　你的宏願
在健忘與健忘中造訪

你是暈眩的圓心
當警示的黃燈閃爍
即使你是不羈的野馬
也會捲入那道浩蕩奔流
逐漸地忘卻自己

我要快樂

眼眸交會的是夜暮籠罩松柏棲息
無星無月黝黑挾帶著秋的涼意
前庭的七里香　靜了
步道長棚上圓潤的葡萄　禪了
環繞牆柱的燈盞微閃著朦朧的光
我被沉沉的氣息網住

壁掛的鐘擺雙針已重疊
你怎麼還沒回來
為你準備的蛋糕已成融泥
你的失約讓我想念與煩躁

對著稀弱的微光燈盞
無俚頭的碎問
難道你身宿異國歡樂而忘懷
還是已研製成功遠程共振窺視儀
就不必回來探望逐漸曲皺老化的門楣
眼睛總是望穿的表情

把高粱倒進酒罈
松柏　秋涼　七里香　葡萄　蛋糕
傾入濃烈的酒罈
一切讓他發酵　蒸發　再歸零

穿上跑鞋
今晚的公園步道
有我不停止的跫音
深深地吶喊
我要健康　我要努力　我要快樂

暮戲

奔蹄之聲已遠颺
紛飛飄然的雪花如羽
我蒼老的身軀
幾度想束裝進場搭乘往天堂的雲霄飛車
而妳細嫩的手
卻牽著我的衣角走進香馥的咖啡廳

茶蛋香

在褐熱褐熱的煮鍋裡
蛋在細說故事
一朵湧出的水泡在夢裡甜蜜
一縷茶蛋香繫念一束情愫

忽然回頭

老人禪坐在爐邊
賣不賣沒啥關係
重要的是把茶蛋清香傳遞給妳

上弦月

臨窗遠望　上弦月
宛如一艘載著祥光的弦舟
難道是駛往西方的慈航
那麼西方的菩薩又往何方？

上弦月　上弦月
緩緩駛進我思維的雲海

踉蹌心緒

斟滿多酚體元素釀成的濃香烈酒
舉向南方火烈的彩霞
飲盡滿腔無法傾訴的心緒

這來自神祕堪輿玄機
無法坦然解註經緯盤面的圖騰
彷佛飄浮的雲囊裡早就含有多種因子的費解

被神秘而觸及更深的歧異
上應天星　下接地氣
宛若月球與海潮的吸盤

宇宙訊息與腦波裡對話
無可理喻的呼應啊！
理不盡的心緒
在滿腔胸懷中踉蹌流竄

今夜的夜空
響徹著天河靜謐的水聲
瞬間天體噴射著閃爍的流星雨　霧化
霧化　裹我滿懷踉蹌心緒

小 歇——給YH

疲倦的眼神牽動著眉睫
緩慢地
在秋季前
低沈的哼著朦朧的悲歌
而今
仍然夾帶著淡淡地幽啞季節

妳喜歡冰淇淋浮在咖啡上
我知道
妳底心湖已逐漸謐靜
喜歡守在無言的伊甸樂園

一陣清涼飄過
妳的唇形綻放著甜蜜的臆想
緊貼在窗外
那片葉的笑容

這個響午
在咖啡屋裡
小歇著過去的時光

我是被妳俘虜的將軍

獻給吾妻麗香

我是被妳俘虜的將軍
我是唯一能伴妳一生的王

自從編列在妳的軍營
妳總是精神奕然的站立著
慓悍的雄糾氣昂的指揮官
朝夕帷幄運籌　經綸營運策劃
統計經緯步驟

每一次年終研討

你總是在藍圖上
圈出新的據點
那雄偉的堡壘
數十年來我已習慣妳的雄略氣概
在心坎裡永遠隱藏著祥和的智慧

一個忙碌的清晨
妳的血壓超過警戒而爆裂

一隻替代支撐的四腳拐杖
一架電動的戰馬繼續向前
妳仍然踽踽前進

我又再次地被虜了
已經是蒼白稀髮　年邁的老將軍
我習慣這種終生的戰俘生涯

我把生活根植在慈愛的田園
把呵護當成憐愛的歌
把關心引為灌溉的滋養
希望妳瞭解
珍惜中有燦爛的微笑

我是妳戰擄下的將軍
伴妳一生的王